마음 한 평

한국정형시 022

마음 한 평
ⓒ 박정호, 2025

1판 1쇄 인쇄 | 2025년 09월 10일
1판 1쇄 발행 | 2025년 09월 20일

지 은 이 | 박정호
펴 낸 이 | 이영희
펴 낸 곳 | 이미지북
출판등록 | 제324-2016-000030호(1999. 4. 10)
주　　소 | 서울특별시 강동구 양재대로122가길 6, 202호
대표전화 | 02-483-7025, 팩시밀리 : 02-483-3213
e-mail | ibook99@naver.com

ISBN 978-89-89224-72-3   03810

* 이 책은 서울특별시, 서울문화재단 '2025년 창작집 발간지원 사업'의 지원을 받아 발간되었습니다.

* 잘못 만들어진 책은 구입한 곳에서 바꾸어 드립니다.
* 저작권법 보호를 받는 저작물이므로 무단 전재와 복제를 금합니다.
* 이 시조집의 내용을 사용하려면 저작권자와의 이미지북의 동의를 얻어야 합니다.

한국정형시
022

마음 한 평

박정호
시조집

이미지북

| 시인의 말 |

'무작정'은 앞으로 나아가는 원동력이었다. 세상을 알지 못하는데 정한 곳이 있을 까닭이 없다. 어디로 간다는 것은 아무 데도 가지 않은 것과 같은 것이다. 그럼에도 불구하고 가야만 하는 길이라니.

자연自然은 무위無爲함에도 온갖 생명을 길러 등을 토닥여주며 '오냐! 오냐!' '그렇다! 그렇다!' 하였다. 자연이 베풀어 준 음덕을 이제야 깨닫는다.

마음에 담은 것이 무엇이랴. 발 달린 구름 망아지처럼 쏘다니며 일갑자를 돌아왔건만, 아직도 왜 이리 미욱하고 몽매한 것인가. 세월이 깊어져서 편협하고 고약한 심보만 남았다.

아득하고 어둑한 길 위에 나무처럼 꼼짝없이 외우 서서.

2025년 5월 어느 날

차 례 | 박정호 시조집

시인의 말_ 005

| 제1부 |

천둥 속에서	013
꽃이 핀다	014
새가 앉았다간 자리	015
물의 경經	016
어라, 별별別別	017
참 그렇다	018
여기서 저기까지	019
가을, 사인암에서	020
병원에 갔다	021
그렇게 여러 날	022
겨울 귀가	023
끈	024
상춘賞春 · 2	025
모르는 아이가 나를 보고 웃어 주었다	026
나무에게 길을 묻다	027

마 음 한 평

| 제2부 |

산다경山茶徑	031
붓	032
발인 · 2	033
군상群像	034
'너'라는 너무	036
마음의 바깥	037
나를 부른다	038
귀가 간지럽다	039
화음방심花陰放心	040
쓸데없는	042
나는 자전自轉한다	044
무거운 시詩	045
만유인력	046
마음 한 평	047
상재上梓하다	048
허공으로 뚫린 입	049
눈물 많은 나이	050
상춘 · 3	051

| 제3부 |

달의 소 055
비의 전신傳信 056
섬진강의 가을 057
돌의 시간 058
거기 서 있었네 059
그루터기를 보며 060
똥배 061
봄이 오고 있나 봐요 062
와아 063
울음의 설계設計 064
어디 가? 065
적거謫居하듯 066
문득, …보다 067
허허, 흉한지고 · 2 068

| 제4부 |

문구점에서 071
잡초 유감 072
낚시터 단상斷想 073
칼 074
이름 075
"……" 076
동시 감응同時感應 077
망해사 일별望海寺一瞥 078
몸짓 079
젠장맞을 080
심산心散한 보따리 풀어보니 081
돌아, 보다 082
끼니 083
거짓말 혹은 희망 084
세량지에서 085

■ 해설/시간을 빌려와 시작하기_김학중 087

제1부

천둥 속에서

 천둥 울고 번개 쳐서 땅 꺼지는 그런 날, 천둥 속에… 번개 속에… 아우성 그에 묻혀 숯검정 몰골을 하고 저리 뛰고 이리 구르다가

 그대여 혹시, 그대여 돌아설 곳 없거들랑 우리 서로 눈 맞춰 도망이나 갈까나 돌 같은 애 하나 낳고 살까나 그냥, 그냥

 돌비알 짊어지고 발 하나 흙에 묻어 꽃 나든지 풀 나든지 썩어 거름 되던지 살까나 그래도 된다면, 천둥처럼 천둥 속에서

꽃이 핀다

앵돌아져 비켜앉은 새침데기 고 가시내
옴서감서 곁눈질로 슬쩍, 스을쩍
그러다 눈 마주치면 부끄러워서 어쩌까

분 내음 같은 것이 그립고 애틋한 것이
미어지게 차오르는 아, 그래서 못살겠는
널 뛰는 가슴팍에다 불 지르고 딴청이라

이래도 되나 몰라 언감생심 품은 뒤로
상사相思의 병病을 얻어 이레쯤 앓고 나서
꽃 지게 지고 가다가 왈칵 쏟은 개울가에

새가 앉았다간 자리

벼랑 끝 언저리나마 잠시 가만 머물렀던 것을,
줄 곳 없는 눈빛이 흩뿌려지는 노을 밭을
모른 척 내버려두고 떠난 자리, …… 흔들린다

흔들리는 것은 새가 아니다 바람도 아닌 나무의 어깨
말도 없이 곁을 주고 마음 주지 않았거늘
그것참 이상도 하지, 깊어지는 적막강산

물의 經경

상처 없는 온전한 삶 어디에 있으랴
누구나 몇 번씩은 뒹굴다 일어나서
심중에 상흔 하나쯤 새겨 안고 가는 것을

스며들지 못하는 가슴이 있다 해도
굽이쳐 튕겨 오른 한 방울 마저 섞여
이 땅의 마른 핏줄을 돌고 돌아 적시듯

우리는 홀로 나선 물줄기 아니더냐
마음에 화초花草 하나 기르지 못했지만
모난 몸 궁굴려와서 연화화생蓮華化生 하였거나

* 연화화생: 연꽃이 피는 모습. 극락세계의 연꽃에서 만물이 신비롭게 탄생한
  다는 불교의 생성관을 담고 있다.

어라, 별별別別

꽃피면 어떻게 하나
어인 일로 꽃은 피나
천애절벽을 부여잡고
오고 있는, 오는 것을
여북한 이내 심사야
황망하거나 말거나

내심 기다림이
곡두 같은 것이래도
떠나서 오지 않는
누구누구, 무엇인지
강 건너 산수유 마을
가 보기는 할까나

참 그렇다

힘든 고비 넘을 때마다 하늘은 왜 눈부신가
망연해서 찔끔 울다 돌변하여 덤덤하게
친구를 떠나보내고 쌀 한 포대 사 왔다

순하디순한 이웃들과 몸 낮추어 부대끼다
만나는 일보다 보내는 일이 익숙해져
갈수록 쓸쓸한 날이 오고 있음을 알겠다

만성이 된 병인가 통증 없는 슬픔이라니,
강개하여 주먹 쥐고 앞장서지 못했어도
순응의 물가에 앉아 다독이는 가쁜 숨

여기서 저기까지

여기라고 하는 곳은 망연자실 서 있는 지금
무한의 미로를 여기저기 돌고 돌아
여기서 주춤, 하고 있는 갈등과 번민 사이

저기는 저어기다 저어기 신기루
돌아오고 말지라도 그래 가자 하는 저,
저기서 여기까지는 구구절절 불원천리

그리운 것은 멀리 있고 아득하면 그립더라
백 년 묵은 구렁이 구불구불 지나가듯
한 해에 서너 번씩은 갔다가 왔다가 했다

가을, 사인암에서

뛰어내리는구나 모두들 절정으로 뛰어내리는구나 높거나 깊거나 곡진한 사유도 없이 지척의 단애를 향해 결단코, 뛰어내리는구나

못난이 춤으로 끝내 서툰 몸짓으로 놓쳐버린 손인지 놓아버린 마음인지 처연히 붉어져서는 죄도 없이 떨리더니

바람의 일이었을까 구름의 일이었을까 한바탕 꿈속의 꿈 화정火定에 들어 타오른다 다만, 그 흔들림이 남아 파란만장 속으로

병원에 갔다

 나이가 들면서 약 먹는 날이 많아졌다 자꾸만 뒤처지는 구만리 장천 길에 마모된 기계 부품인 양 삐걱대며 멈춘 날

 내성이 생겼는지 약발이 듣지 않는다 질곡의 시간을 도려내고 싸매었던 무참히 난도질당한 흉터를 내보여 준다

 잘못하여 부끄러운 일 어찌 어디 없으랴 이기지 못한 노여움과 부조리한 것들을 낱낱이 토설을 하고 처방을 기다린다

 구르고 굴러 혹사했으니 성한 곳 없겠으나 구르고 굴러 몸 하나도 건사하지 못했다니, 통증이 죗값이라도 이 불편은 못 참겠다

그렇게 여러 날

보고 잡은디 어쩐다냐
그냥은 안 올 거인디

찾아가 볼라 혀도
어딨는지 알아야제

망미정*
길목을 지켜 선
곤한 눈빛,
분주하다

* 망미정望美亭: 화순 노루목 적벽 앞 소재.

겨울 귀가

바람 소리도 새겨듣는
허름한 집 담장 너머

아무 짓 않은 나를 향해
개들이 짖어댄다

누구요―
내 묻는 소리

"……"

눈이 내린다

끈

그러니까 너는 내게 한 가닥 끈이었다
당기면 스르르 풀리고 마는 끈
느슨한 혹은 팽팽한, 가끔씩은 풀리지 않는

산으로 바다로 끈 떨어진 신세였다가
저물녘 처마에 걸린 불빛 같은 눈빛이다가
다시금 잇대어보는 멀어진 거리만큼

상춘賞春·2
―장미원에서

오랜 길 걸어도 그대에게 닿지 못하네
높고 낮은 굴곡을 건너와서 늦어버린
그렇게 깊은 세상을 이렇게 외오 서서

놓아버리고 빈손이더니 아무래도 젖은 심사心思
그대 그 앞가슴 같은 꽃의 떨림이 남아
붉어진 마음 건들어 화악! 끼치던 내음이여

여기 보아, 저 보아라고 꽃이 나를 불러
꽃이 나를 보고 나는 또 꽃을 보며
온종일 황망한 눈빛 저물도록 아득한 눈빛

모르는 아이가 나를 보고 웃어 주었다
―염화미소拈華微笑

모르는 아이가 나를 보고 웃어 주었다
그 순간 심연에 불이 번쩍! 켜졌다
아이가 적선한 웃음으로 식은 불씨가 살아난다

나무에 피는 꽃이 웃음인 것을 몰랐다
몸에 갇힌 웃음을 쏟아낼 줄도 몰랐었어
돌에도 꽃이 피도록 웃어 보자, 웃어 주자

손바닥만 한 햇살이나마 가슴 한쪽에 끌어다가
놀라운 웃음 같은 씨앗이라도 심어야겠다
봄날에 새싹 나듯이 살겠구나야, 아아….

나무에게 길을 묻다

나무는 알고 있을까 누가 왔다 갔는지,
백 년이나 천 년 전에도 퀭한 눈빛 하고 와서
낮밤을 서성거린 이, 있었을 것이다

쫓기듯 유랑하던 등짐 진 백성들이
통곡도 못 하여 응어리진 가슴 치다
서낭당 쌓인 돌처럼 잠든 이도 있으리라

그런 길을 나섰다가 잃어버린 길이 있다
오고 간 행방 몰라 놓쳐버린 사람이여
걸어도 가까워지지 않는 저 길에 길은 없다

제2부

산다경山茶徑

옥판봉玉板峯 능선을 굴러 돌처럼 꽃이 진다

유상곡수流觴曲水 아홉 굽이 마른 물길로 꽃이 져서 꽃이 떠서 흐른다 쿵! 쿵! 쿵! 꽃 떨어지는 소리에 꽃이 진다 첩첩 수심도 없이 꽃 지면 하늘과 땅은 멀어져 꽃 진 빈자리 꼭 그만큼 길이 열린다 오너라 오너라 누구든지 와서 꽃 떨어지는 소리 들어보아라 적막한 구곡간장에 꽃 떨어지는 소리 받아 가거라 한 가지에서 난 것인 양 꽃 지니 마음 지더라

그 꽃을 밟지 않고는 별서에 닿을 수 없다

* 산다경: 별서정원에 들어가는 동백나무(별칭 山茶) 숲의 작은 길.
* 옥판봉, 유상곡수: 백운동 별서정원 12경 중의 하나.

붓

　먹물이 번지는 길의 시간이다

　우모牛毛든 서수필鼠鬚筆이든 갈근葛根이든, 그을린 부지깽이 또는 깨물어 낸 손가락으로 이 땅에 휘갈겨 쓴 몸은 한 자루 붓이었다 닳고 닳은 붓 한 자루가 세상을 갈고 닦았던 도구였다 바람이 몸을 펼쳐 넘긴다 쓰다가 지운, 물에 쓸려 읽을 수 없는, 삐뚤빼뚤 갈지자로 걸어와 여백으로 남은 사람

　난봉꾼 잡설일지라도 한 권 책이었다

발인·2

　발길에 차인 돌 같았다
　필부는 학생이었다

　검은 산 검은 들 떨구고 간 새 울음만 살아 들썩거리는 곡전轂轉 길을 질퍽거려서 못 가겠네 아득하여서 더는 못 가겠네 흐린 눈빛 같은 것들, 편린 같은 것들, 검불 같은 것들이 회오리로 휩쓸려가는 허허벌판이 어디인가? 곧장 가면 그곳이다 불붙일 심지도 없이 삼세시방三世十方 요요寥寥한 중에 철벅철벅 강 건너는 소리, 그렇게 가고 있는가 헤매지 않고 가는가

　다시는 오지 말아라
　꽃으로도 사람으로도

군상群像

　궁시렁, 씨부렁
　불만이 가득하다

　도리道理는 땅에 떨어졌어도 못난 놈 하나 없이 너도나도 다들 잘나 기고만장 부화뇌동에 얼싸절싸 가관도 그런 가관이 없는 중에, 천지조화가 기가 막혀 여기저기서 들쑥, 날쑥 독화인지 향화인지 전염병처럼 옮겨 다니며 어쨌거나 꽃이 피는데, 꽃피는 소리 시끄럽다 형형색색에 눈 어지럽다고 지랄을 한다. 지랄하는 이유도 가지가지 시비 걸 일 많은 호시절에 온갖 트집에 억지에 방정을 더해 뿔난 망아지 자발없이 날뛰듯, 통발에 잡어들 그물코 들이박듯, 나무되다 만 잡초처럼 휘둘리며 지랄발광을 하다가, 사람 못된 잡것들 살판이라 오사리잡놈 시러베잡놈 속 창시 없는 잡놈에 사색잡놈 천하에 만고잡놈, 이런 잡놈 저런 잡놈 별별 잡잡 썩을 잡것들 다 나와서 못 하는 짓이 없네 그려 아이고, 징글맞아라 에라! 이 오살할 놈아 이놈아. 반쯤 미쳐야 산다더니, 사방팔방 꽃이 피는데 눈물 찔끔 콧물 찔끔 울고불고 자빠졌네 꽃가루처럼 은근 매운 이놈의 심사가 필시 병인가 싶어 끙끙 앓는가 싶더니만,

봄날이 그예 가더니
꽃 지니 또 지랄이다

'너'라는 너무

  너무 높거나 너무 깊거나 너무 멀거나 하는 것은 모두 심원心源에서 발현된 것이다 길이라는 것은 애당초 너와 나의 간극일 뿐 너무라는 격정으로 말미암아 파이거나 쌓이고 고인 것이 주체할 수 없어 쓸려나간 상태를 가리킨다 어쨌든 너무하여 너무한 것은 너무에서 시작된 요원한 길이 천 갈래 만 갈래로 뻗어나간 밖에 있음을 말하는 것이 아니다

  너무는 어이가 없어 고립무원의 지경이거나 너무하여 답답한 나머지 안타까운 것이 머물지 못하고 다 흩어져가는 상황이니 구기九氣*의 엄습 따위에 휘둘리지 말아야 할 것이다 그럼에도 불구하고 세상의 모든 길은 너에게로 가고 있다

  너무나 너무 하여서 이를 수 없는 너로부터

---

* 구기: 기氣의 변화에 따라 생기는 아홉 가지 감정의 상태(노여움, 기쁨, 슬픔, 두려움, 한기, 열기, 놀람, 그리움, 피로).

마음의 바깥

 안으로부터 나온 바깥이 또 다른 안이라면 처음과 끝은 같은 것이다 말뚝처럼 박혀 서서 명확하게 나눠진 구획을 건너지 못한다 여기서 저기로 가면 저기는 여기가 되는, 저기와 여기와 안과 밖이 내가 있는 곳에 따라 획정되는 바깥을 싸돌아 다녔으나 정작은 내 안을 서성거렸던 것, 나는 안에서 왔을까? 밖에서 왔을까?

 나무는 안이고 꽃은 바깥이다 꽃은 피는 것이 아니라 터져 나온다 부르는 곳은 안이고 오는 곳은 바깥이다 그대는 안에서 오는가? 밖에서 오는가? 그런 것 상관없이 너는 안이고 나는 바깥이다

 문 없는 안에서 나와 갇혀버린 그 바깥

나를 부른다

 나 왔네. 내가 왔어, 나가 왔단 말이시

 눈맞아 도망간 아무개는 풍문에 객사한 지 여러 해 전이고, 이종 생질이야 낯짝도 모르니 관두고, 집 나간 자식 기다리다 먼저 가신 어머니가 꿈속으로 오셨을까만, 뉘게 그리 애타게 부른당가. 물길 바뀐 영산강 따라 흐르며 묻느니 안부요 여쭙느니 소식이거늘, 들여다보고 나눌 인사도 마련할 길 없이 사방 천지를 뒹굴어 다니다가 요로코롬 늦어서리 뉘를 찾고 있당가. 시절이 한참이나 가 부렀는디 인자 와서 어쩌라고, 찾아서 뭣헐라고 그리 불러쌌는당가. 글 안해도 숨이 막히고 코앞이 가물가물 헌디 두엄자리에 올라앉은 마른 풀을 누가 일도 없이 쇠스랑으로 갈아엎고 있는 것이다냐. 썩어 문드러진 가슴팍을 돌로 찍어낸 것 맹키로 아이고매 왜 요런디야 오매 답답헌그. 옥죄어 둔 심장에 살고 있는 어여쁜 순정도 캄캄해져 부르느니 나를 몰라 허어, 참말로 날 몰라

 저만치 뒷걸음질로 간단 말도 없이 가네, 가네

귀가 간지럽다

누가 내 흉을 보는 걸까
자꾸 귀가 간지럽다

바람 귀에 나무 귀에 흘리는 말이 돌아 물 흐르며 쑥덕, 꽃 피며 쑥덕, 만산편야滿山遍野에 온기 나눠주지 않았어도 쑥쑥 쑥 나듯 휘돌아 커져서 어스름 뒷골목에 수군거리며 삐죽대는 입 모양 봐라. 쭉정이에 난 이파리마냥 흔들면 흔들리다가 주먹도 쥐지 않고 큰 소리 없이 있는 듯 없는 듯 지나는 중이었는데 술김에 퍼부어대는 욕지거리는 아니고 무심하게 내뱉어진 속엣말 같은 거나 귀엣말 같은 낯간지러운 소리 뜨끔, 하는 소리 흐흐흐 안주로 씹는 소리, 구설에 오른 것들이 쓰레기처럼 나뒹구는 거리마다 다친 말들이 덜된 말들이 시끄럽다. 이로운 일은 못 했어도 해코지 한 번 않았거늘 어느 입에서 시작된 고약한 소리일꼬 후벼 파는 귓구멍이 간지럽다. 감감 무소식하여 떨려오는 멀고 먼 애틋함 같은 것이면 좋을 것을, 시야를 가리고 선 나무에게 괜스레 네 탓을 한다. 잘못했다 잘못했다 나무가 잘못했다

말에도 꼬리가 있어 자르면 다시 자라나 내 귀에 바람의 귀에 들린다 잘 들린다

화음방심花陰放心

　에돌아 간 들길이 까닭 없이 시끄러웠을까

　오려고 그랬던 거지 왔으면 된 것이지 기어이 와서 다잡은 마음 흔들어 놓고 가려는 것이지 앞뒤라 할 것 없이 강물을 타고 오르는 녹음을 당겼다 밀었다 하며 들쑤시고 다니는 심보를 어쩔 것인가 들병이* 불러 잔 기울이던 지질컹이*에게도 울긋, 불긋 소식이 닿아 꽃눈 뜨고 보는 봄이라, 허허! 봄이라 그렇구나 봄은 오는 것이었다 오는 것을 보는 것이었다 막히고 닫힌 틈을 내어 잔설 녹여내고 거친 땅 헤집어 싸질러가는 불의 입김이었다 무심하다 해도 떨리는 흉금胸襟을 감출 도리가 없다 열여덟 춘심은 아니더라도 개나리 진달래 그늘에 들어 먼 산이라도 바라보자 하늘 깊은 곳이라도 치어다보자 이미 알고 있어도 짐짓 모른 척, 사막의 모래 능선이 생겼다 사라졌다 하는 것을, 말도 없이 왔다가 가는 것을, 그래서 허허이, 허허! 새삼스러워하는 것을 남 일인 양 그저 그러려니 하다가 혹시라도, 자라난 가시에 스스로 다쳐 울 수 있다면 울어라 천명天命이 다 하도록 펑펑 울어버려라 그마저 할 수 없다면 입 닥치고 있을 수밖에

　불러서 오지 않으니 부르며 가던 그날을 지나와 알 게 뭐

야 저런, 저런 꽃그늘 아래 놓아버린, 놓쳐버린 마음을 두고
에라! 바람이나 피울까 봐

* 들병이: 병술을 받아서 파는 떠돌이 계집을 속되게 이르는 말.
* 지질컹이: 무엇에 억눌리어 기를 못 펴는 사람.

쓸데없는

아버지 말씀하셨다
"너를 어디에 쓸거나?"

　곤궁한 집에 식구는 많아 어미 새가 물어다 주는 먹이를 받아먹듯 순서를 기다리는 천진난만한 눈망울들. 음식이 생기면 장남이라고 먼저 챙기시던 어머니께 "나는 그것 안 좋아해요" 하며 미루었다. 부모의 한숨을 듣고 자란 둑방의 삐비꽃처럼 연약했던 우리는 차례도 없이 배를 불린 가난의 무게에 항상 짓눌렸다. 가난이란 소화되지 않는 불덩이를 꿀꺽 삼키고 살얼음 낀 어둠의 강을 건너야 하는 것이었다. 가난이 악착같을수록 식구들도 악착스러웠다. 악착의 손아귀를 벗어나기에는 우리는 아직 어렸다. 흑백의 사진틀 속 그늘에 갇힌 식구들은 내색하지 않고 자신의 길이 열리기를 기다리며 아무것도 자라지 않는 척박한 고랑을 묵묵히 따라 걸었다. 살림에 도움이 안 되는 나는 생각만 많았다. 거드는 일마다 힘에 부쳐 도리어 일이 늘어났다. 기대할 수 없는, 담장을 뛰쳐나와 지켜야 할 것을 지키지 못하고 함께 있어 주지 못한 나는 부끄러움도 뭣도 모르는 탕자였다. ……탁한 강물을 거슬러 햇빛 다사로운 길 위에서……, 한 하늘 떠받친 기둥은커녕 한 사람의 가슴에 꽃도 심지 못하였으니, 이 썩을 종

자야 썩어서 거름도 못될 망종아

　이제는 다 늙은 몸을
　어디에 쓸거나

나는 자전自轉한다

 너를 중심으로 돌던 길이 끊긴 이후였을까

 잃어버린 낮과 밤, 뒤틀린 공전의 궤도. 인력引力을 벗어난 행성 하나가 멀어지고 멀어져서 극과 극이 되었을 때 마침내 아무것도 아니게 되리라. 무겁거나 가볍거나 죄의식 없는 슬픔은 마른 목석일 뿐, 암흑의 공간에 감정을 관장하는 장치가 없다. 떠다니는 것들은 어디에선가 놓쳐버리거나 놓아버린 것들이다. 길 잃은 것들 투성이다. 자유로웠으나 자유의 이면에는 붉은 피의 흔적이 남아 있다. 어둠을 호흡하며 지워져 간다. 기억의 오류에 불과한 세상이 아문 상처의 딱지처럼 벗겨진다. 빛과 어둠을 끌어당기는 블랙홀을 지나 무위無爲의 영역에 도달하게 되리라. 나는 사라진다. 저 광활한 우주 속으로*

 헤엄쳐 가고 있나 보다. 아니, 오고 있나 보다. 일순간 딱정벌레처럼 붙잡아 매달린 허공에 주름이 진다. 우주에도 상류가 있어 거슬러 가야 할 곳이 있는가. 회귀본능으로 가야 할 곳을 알고 있다는 듯이, 안드로메다 물고기자리 그 먼 군도群島 공간이 휜다

 * '나는 사라진다. 저 광활한 우주 속으로'―박정만.

무거운 시詩

  시집은 시의 집인가?
  시의 집이 무너졌다

  정확히 말해 책장의 시집들이 무너져 내렸다. 위 칸의 선반이 기울어지면서 아래쪽의 칸을 건드린 것이다. 느닷없이 시가 와서 헛배를 불리더니 느닷없이 시가 무너졌다. 널브러진 책들 사이로 선반이 삐져나온 모양이 무너진 산이었다. 아니, 파헤쳐진 무덤이었다. 모든 시가 신음성을 뱉어내다가 죽어 쓰레기처럼 쌓여 있다. 시의 구절들이 허공으로 풀려나가고 있었다. 쓸데없이 지껄인 말들을 알아먹을 수가 없다. 시의 집에 갇힌 언어가 비로소 자유로우리라. 그 참사에 김소월이 죽었다. 백석이 죽었다. 황지우가 죽었다. 송찬호가 죽었고 기형도가 죽었다. …… 박기섭이 죽었고 이승은이 죽었고 최영효가 죽었다. 이종문이 죽었고 김삼환이 죽었다. 아, 역류가 죽었다. 생각의 무게는 몇 kg일까? 생각보다 생각은 무거운 것이었구나. 무너진 시는 더 이상 시가 아니다. 용케도 살아남은 내 시집은 그런 시의 잔해를 묵묵히 바라볼 뿐이었다. 시가 사라진 세상, 시의 뼈들만 남아 시의 시대가 있었음을, 시의 향기가 있었음을 증언하리라

  무너진 시의 무덤에 내 시집을 슬쩍 던진다

만유인력

 길이란 몸을 사과껍질처럼 깎아놓은 것이다 단단해지기도 전에 내던져져 과즙을 흘리며 말라비틀어져서 흙인지 땀인지 범벅으로 쇠똥구리 마냥 데굴데굴

 순응하며 흘러온 강가에 묵묵부답으로 앉아 청태靑苔를 기르다가 먼 하늘로 옮기던 그 눈빛 그 숨결 꽃에게 주고 나무에게 주고 들녘 바람 흉흉해질 때 배곯은 것들에게 나눠주고 난 뒤 파다한 노을 속으로 가서 아무도 모르고 아무것도 모르게 되는 일, 울울만산鬱鬱萬山 첩첩疊疊 바다 헤쳐 건너 몸속 구석구석 쏟아내어 되돌려 주는 일, 지나온 곳을 지도로 그려 다른 이의 앞을 밝혀주는 일, 그런 것이 소임이라면 족하다 할 것이지만 하늘땅 그 고저가 너무 멀어라 온 힘 다해 움켜쥐어도 놓치고 말아

 외마디 탄성도 없이
 낙과가 되어 낙수 되어

마음 한 평

  등에 내린 무게가 달빛 별빛은 아닐 터, 창고에 쌓인 것이 돌무더기는 아닐 터, 도중에 주저앉은 것이 풀잎만은 아닐 터

  곁가지로 자란 것이 본래면목本來面目을 흔든다

  가까워졌을까? 오래 걸었으니, 늙은 사람을 보면 눈물이 난다 금목서金木犀 향기에도 홍루紅淚를 본 듯 미어지는 소슬한 나이, 일월日月을 스친 것들은 말없이 한숨 깊어져 발걸음이 무겁다 목숨은 도둑 같아서 뭇다 고한 죄 같아서 산을 넘고 강을 건너 허허벌판에 툭! 떨어진 돌멩이 같더라 풀씨처럼 날리는 뜬소문…. 하늘을 살핀 적 없고 이 땅을 굽어본 적 없어 천리天理가 왔다 해도 불민하여 몰랐고, 몰라서 헛되어 욕스러워도 덤덤하였다 연륜이란 얼마나 노련한 것인가 염치와 부끄러움이 아무렇지 않게 되었다 눈 감고 귀 막고 입 닫은 냉가슴 속을 일진광풍으로 휘몰아쳐 와서 뒤란의 대숲이나 흔들다 마는 것이었구나 노도怒濤를 달래며 그저, 먼 구름 곁에 그대 있어 무작정 걸었음이라

  미망迷妄의 골짜기더냐
  다 건너지 못하였으니

상재上梓하다

    구유에 떨어져 수북한 나뭇잎이 자연이 차려놓은 성찬이라 한들 허기는 가시질 않는다. 허기는 나를 잡아먹고 난 뒤에야 포만에 이를 것이다. 척박한 들녘, 외진 산기슭 푸성귀나 바다에 한정된 물고기와 구분될 것도 없이 백척간두에 올려진 채 진창에 던져져 세상에 나왔으니 누란累卵의 지경 속에서 흔들리는 것이 일인 것이랴

    망연해서 어이할 거나. 어이해도 갈 수밖에, 갈 수밖에는 없다. 나눠줄 온기도 설렘도 없이 식어버린 심장을 내려친 도끼날에 새털구름 흩어 날리는 청천의 벽력같은 길이라 해도, 오막살이 묵정밭 저 홀로 피어 흐드러진 영산홍처럼은 붉어지지 않았겠느냐. 단풍나무 아래 똥 누듯 저질러놓은 한 생애, 갈피를 넘기며 새들이 음독音讀을 하고 바람이 수런거리다 덮어버린 면목이러니, 그때에 난망難忘이여. 달떠서 놀던 흉금이여. 고복顧復하듯 쓸어안던 천추 호곡號哭의 날들이여. 몸은 피지 못하여 맺지 못하고 여위었나니, 무거워라. 더께 낀 달목의 시간을 무슨 까닭으로 지나왔던가

    뜻 모를 허튼소리로 으어, 으어, 갇힌 허공

* 달목: 수평을 유지하려고 천장을 보꾹에 달아맨 나무쪽.

허공으로 뚫린 입

꿀꺽, 하고 삼킨 것은 가시 달린 불덩이였다

눈물겨운 것이 밥이라 한들 소중한 줄 모르고 때 되니 끼니를 때운다 이 밥은 몸 부려 벌어온 정직한 품값으로 내일을 꿈꾸어 나아갈 동력이다 밥이란 몸을 갉아 먹는 진드기 같은 것이다 먹이 앞에서 우는 짐승을 본 적이 없다 풀이나 흙을 씹어 먹지 않는 한 식사는 성스럽지 않은 무서운 일이다 먹고 먹히는 식탁은 생사의 경계로구나 법과 정의도 필요 없는 끼니때마다 주먹으로 입을 틀어막을 수도 없다 세상을 난도질하며 죄스럽지도 않았구나 돌도 아니고 꽃도 아닌 허무의 살점을 꾸역꾸역 처넣고 있다

늪에 핀 수련睡蓮을 보고 뛰어든 개구리 마냥

눈물 많은 나이
―박누가 선생을 생각하며

"먼 남자가 그런대?"
끄덕, 하면 운다

  의료 사역 가다 쓰러져 멈춘 한 사내의 길을 따라가다 보면 내가 미처 보지 못한, 애써 외면하던, 아직 가지 못한 길이 남아 있음을 알게 된다. 물통을 든 아프리카 소녀 가장의 깡마른 몸을 구름 위에 올려놓고, 에티오피아 늙은 참전용사의 깊어진 눈망울 속에서 철썩이고 있는 파도 소리 흘려버리고 나와 억새잎 서걱이는 들녘 향해 찬바람 맞고 서 있을 때 누가 옆구리 툭, 치지 않아도 샘물 차오르듯 그렁그렁해져서 주책없이 훌쩍거린다. 사내는 함부로 우는 것 아니란다 힘들어도 참아내야 사내라고, 그러나 어쩌랴 붉어져 마른 나뭇잎만 떨어져도 눈물이 나는 것을. 채신머리없이 사내 망신 다 시킨다며 옛 어른 아시면 혼나겠구나. 몸을 세워 걷는 일이 발길에 차여 구르는 돌보다 버거운 세월, 척박하고 힘한 이 땅에 아름답게 살아남은, 착해서 별 볼 일 없는 사람들이 나를 울린다. 그런 이들 있기에 살아 볼 만 하지 않느냐고, 상처를 어루만지며 치유되는 꽃밭에서

  이 한 몸 벗어나지 못해
  움켜쥔 손 부끄러워서

상춘 · 3

꽃 피니 좋네요.
그대 오고 있나요?

볕 들 날 없는 구석이라도 수렁 깊은 심연이라도 떠난 것들 다시 돌아와 다투는 양 부산한 중에 눈길 주는 곳마다 숨은 듯 부끄러운 듯 얼굴 붉히며 살아서 그리운 것처럼 그리워서 못 살겠는 것처럼 굽이굽이 저며와서 넌지시 내미는 손

멀어서 섬이 된 길이
화봉花峯 같아라
고군산도

제3부

달의 소

저 달에 토끼 있으니 소라고 없을 것인가
그믐날 쟁기질로 햇무리 끌어 달을 돌며
항아姮娥님 나선 달마당 닦고 있는 붉은 소

전면에 등장하는 메인 모델인 토끼와 달리
달의 뒷면에 사는 소는 조연이라서
우물에 두레박 내려 전설이나 길어 올리지

보리누름 지난 뒤라 수수목 꺾어 들고
토끼에게 가져다주면 절구를 찧는다네
달 차서 넉넉한 날에 잔치를 벌인다네

비의 전신傳信

담 넘어온 능소화 보며 설핏 잠이 들었더니
바람결에도 들리지 않고 꿈에서도 만나지 못한
어느 먼 성간星間으로부터
비가 오고 있었다

먹물 번진 수묵화 속 적선謫仙이 있다 해도
감춰둔 애련 없다면 서성거린들 무엇하랴
누구의 안부일 거나
비 맞으러 나선다

섬진강의 가을

어디에 있건 섬진강은 내 핏줄을 타고 돌며
지게 진 아버지처럼 휘청휘청 흐르고 있다
굽이쳐 부서져 내린 오백 리 겨운 물길

갓 지은 밥 한 그릇 시렁에 올려놓고
손 모아 치성드리는 노모 아직 계실 것 같은…,
늦도록 불 밝혀놓고 새겨듣던 귀먼 소리

건들면 쏟아질라 저 단풍 흔들지 마라
사람의 일 아니라도 우여곡절 없었으랴
하물며 만신창이로 여위지 않았겠느냐

답답한 것이 아무래도 가슴이 먹먹한 거라
이제 내가 부모 되어 옛길 짚어 가노라니
구례구求禮口 역전쯤에서 깊어지는 섬진강

돌의 시간
―한재골에서

나는 돌이라 구르고 굴러 뛰는 돌
펄쩍! 뛰다가 어처구니로 처박혀
영마루 넘지 못하고 잊혀진 숨결이다

구릉에 돌아앉아 다독이는 조각조각
팔매질한 어린 손아, 불구덩이나 꽃밭을 질러
은하수 건너다니는 떠돌이로 뒹구는 돌

천변만화 구름길에 된비알 너덜겅에
물이 끓는지 피가 끓는지 할 수 없이 데굴데굴
주름진 돌의 시간을 씻고 있다, 식히고 있다

거기 서 있었네

동구 밖 당산나무는 모든 길의 기준이었다
좌우로 벌려 삼천 리 뿔뿔이 떠나가서
늦도록 불 밝혀 두어도 돌아오는 길이 멀었다

거기 서 있어도 그리움은 항상 아득하여
밖으로 길 아닌 곳 먼 곳으로만 눈을 뺏겨
도중에 잃어버린 것들은 잊어버린 것들이었다

세상을 축내며 마음을 축내며
떠난 곳으로 머리를 누인 여우의 잠 속으로
무심을 흔드는 것이 흔들리는 까닭이었다

그루터기를 보며

새들에게 가난하다 말하지 않는 것처럼
바위에게 답답하다 말하지 않는 것처럼
붙박인 나무를 보고 오라 하지 않는 것처럼

먼 길 가지 않아도 알게 되는 것이 있다
서로서로 기대다가도 외따로이 나앉아
몸속에 나이테 같은 길을 내어 가고 있음을

똥배

오랜만에 오셨기로
절로 앞서 반기는,

달을 뱄나 해를 뱄나
마냥 부푼 헛꿈일망정

뒷짐 진 사장님 응응
뛰쳐나와 뒤뚱뒤뚱

봄이 오고 있나 봐요
—윤솔이에게

촉촉 젖은 땅의 숨결 아지랑이 피어나면
나뭇가지 겨드랑이 근질근질 하나 봐요
바르르 떨다가 말다 목청이 트이나 봐요

먼 데 누가 부르는지 귀 쫑긋 입 생긋
기다리지 않아도 어서어서 오나 봐요
작은 손 나뭇잎은요 배냇짓 아기 같아요

산 넘고 강 건너서 봄이 오고 있나 봐요
부푸는 가슴마다 햇살에 꽃눈 틔워
돌 지난 아기 걸음으로 엉금엉금 오나 봐요

와아

구름 언덕
아스라이
뜀틀이
있나 봐요

바다는
하늘의 거울
하늘은
바다의 거울

돌고래
솟구쳐오르는

하늘일까?
바다일까?

울음의 설계設計

눈물 몇 방울 흩날린다고 어떻게 되겠는가
그것도 사내가 꼴 못난 사내가
그 무슨 억하심정으로 울어야 쓰것는가

아무도 관심 갖지 않는 미물이래도 초목이래도
햇볕 바람 더불어 눈빛 나누던 이웃이었으니,
기대어 마음 다스려 돌아오곤 하였으니

나는 운다 흔들려 운다 땅을 치며 꽝꽝 운다
길 위에 멈춰버린 새의 시간을 조상하며
우르릉 소리쳐 운다 바다 건너 다 들리게

누가 보지 않아도 저마다의 몸짓으로
물 같고 불같은 숱한 날을 지나와서
사내가 꼴에 사내가 부끄러움도 모르고 운다

어디 가?

문을 열고 나서니 아내가 묻는다 "어디 가?" 어디 가냐니! 그 말이 참 막막하다 애초에 정해진 아니, 정한 그런 일 있었을까?

생각하니 만남이란 엄청난 일이었다 백천만겁난조우百千萬劫難遭遇 은하를 떠돌다 공간과 시간을 건너 세상에나 세상에서

날마다 걸었으나 아무 데도 닿지 못했다 걷고 또 걸어도 제자리, 나온 자리 안과 밖 뒤집지 못할 경계가 있다 거기 서 있다

적거謫居하듯

마음에 불 없으매
그리움 없으매
화초 하나 들여와서
밤낮을 살핀다
별거랴,
안빈낙도安貧樂道란
정 주어 매이는 일

문득, …보다
―현장에서

……살자고,……일하는데……일하다가……죽을 것 같아……도마 위……생선인 양 비늘 벗은 모습으로……하늘이……절벽이라도,……기어오르는……담, 쟁, 이,……처럼……

꽃이거나 돌이거나 사람의 형상으로
중력을 버티는 혼의 무게 21그램
없는 힘 쥐어짜 내는
21그램,
구,겨,진,다

허허, 흉한지고 · 2

떨어지는 나뭇잎을 세고 있는 나무는 없다
앉은 곳을 기억하는 새의 시선 쪽으로
하늘에 꼬리를 치는 목어 비늘 같은 구름

뒹구는 돌의 낱말 휘도는 강의 물방울
숯으로 남은 불덩이 굽이굽이 던져두었더니
둔덕에 싸질러 놓은 똥구덩이에서 자란 호박을 봐라

제4부

문구점에서

쓸 일도 없는데 연필 보면 탐을 낸다
가갸거겨 읽으며 침 발라 쓰던 연필
아직도 다 떼지 못한 배움이 남았는지

책 몇 권 베껴내며 더듬던 길을 따라
더하기 빼기 셈하여 금 긋던 관계 속에
지금도 유효한 공부 지우고 다시 쓰기

잊지 않기 위하여 적어둔 말 있었던가
금언金言 같은 훼언毀言 같은 아니면 췌언贅言 같은
무던한 언약을 하나 새겨놓은 속엣말

잡초 유감

　화분의 나무가 죽고 작은 싹이 올라왔다. 씨앗을 심지 않았는데 무엇일까? 무슨 일일까? 며칠을 망설이다가 그 싹에 물을 준다

　꽃이 제법 보기 좋아 눈길 자주 준 곳에 나무를 밀어내고 풀잎이 자란다 자리를 번갈아 가며 서는 꿈 사라진 꿈

　풀잎이 크고 보니 잡초인 걸 알았다. 잡초를 키웠다니, 그 노릇 황당하다 그것참, 화분에 들앉은 잡초에 물을 준다

낚시터 단상斷想

낚시란 허공에 미끼를 다는 일이다
백척간두인 줄 모르고 찌에 앉은 잠자리 보며
허구의 물고기에게 밑밥을 주는 일이다

나무 물고기 청동 물고기 입질을 할 때마다
물결 구름 일렁이는 하늘의 그물 속에서
한 덩이 불을 삼킨 듯 펄쩍 뛸 일인 것이다

붕어가 꽃이라면 팔딱팔딱 뛰는 꽃이라면
낚아챈 아가미에서 향기가 날 것인가
미늘에 걸려든 꽃이 훅, 끼치는 물비린내

칼

무딘 세상의 단면을 도려내지 못했다
섬뜩한 통증을 봉합한 상흔 속에
예기銳氣를 잃어버린 칼이 녹슨 채 부서진다

칼로 살고 싶었으나 칼에 베이기 일쑤였다
피가 돋아 물들인 붉은 진실을 묻은 것처럼
벼려낸 날 선 칼날이 몸을 헤집고 다닌다

바다를 양단하고 폭포를 베어낸들
이 칼은 불의에 무릎 꿇은 칼이거니
공연한 나뭇잎이나 베는 망나니 춤이었다

이름

 나무 말고 짐승 말고 올곧은 뜻을 가진 이 땅에 이름 얻어 비로소 존재하였으나 아무도 불러주지 않아 이놈아! 하고 불러 본다

 해와 달 산과 물 같은 무엇이 되어라고, 이롭게 살아라고 고귀하게 지어 준 그 바람 귀에 박히어 부르면 돌아보는

"……"

양계장의 닭들을 산중에 풀어 놓을까
양돈장의 돼지들을 바다에 풀어 놓을까
아니면 나무를 뽑아 허공에 던져 놓을까

이 모든 속박으로부터
이 모든 갈취로부터
묶여 있는 자유로부터
죄의식 없는 마음으로부터
당연한 그 길로부터
어제부터 오늘까지

동시 감응同時感應

저만치 다가오는 알 것 같은 그 얼굴
손으로 가리키며 어? 어! 그래 나야!
복잡한 서울 바닥에서 기가 막힌 이 조우遭遇

죽지 않고 살아 있으니 이렇게도 만나는구먼
어릴 적 모습이 뜯어 본께 있네 그려
강산이 몇 번 바뀌었나? 어디 보세, 자네인가!

주름 늘어 반백인데 엊그제 떠난 것 같아
바람결에 돌던 소식 간간 듣긴 하였네만,
오늘은 딴생각 말고 술이나 한잔하세

감나무 집 순옥이가 자네 처라니 차암,
자식은 몇을 두어 출가는 시켰는가?
어머니 정정하시다니 시간 내 뵈야겠네

망해사 일별望海寺一瞥

그때에 소녀였고 소년이던 날을 지나
바람의 율律을 타듯 추회追懷를 풀어내어
가을꽃 길을 걸으면 만날 수 있으려니

밀물 썰물 들고 날 때 수심愁心도 만경萬頃이라
낙서전樂西殿 앞 팽나무에 구름 걸려 머물다가
휘어진 담장을 따라 흘러가는 저 길로

누가 아, 가슴을 치나 범종 소리 튕겨 올라
굽이쳐 너울대는 일망무제一望無際 건너가도
한곳에 머물지 못하는 그 눈빛에 단풍 들어

몸짓
—수화手話

풀잎 서로 비비듯 물이 물에 튕기듯
원시의 언어로 주고받는 마음의 소리
뭐라나, 무어라 하나? 알 것 같은, 몰라도 좋은

견고하게 닫힌 문을 두드리고 있었는가
앞에 있어도 닿지 못하는 몸짓의 어원語源은
지독한 몸살 같은 것 몸살 같은 그리움인 거

그리하여 나무는 흔들리고 있었던 거다
구름을 훑고 가는 바람이 아니라도
제 몸에 불꽃이 살아 타오를 때까지

흔들리는 일이야말로 간절한 것이었다
흔들리며 흔들림을 이겨내는 일이야말로,
아무런 응답 없어도 흔들리고 있는 것들

젠장맞을

사람을 믿었다
사람을 믿어야 했다

……도덕적인 꽃이 없듯
아름다운 삶은 없다……

상처와 연민 사이에서
사람이 그리웠다

심산心散한 보따리 풀어보니

1. 가을
붉게 익은 수수나 콩, 금빛 들녘 나락이며
봐라, 저것 봐라 내 것 아녀도 오진 것을,
곳간에 쟁이지 못한 만 섬지기 노을마저

2. 그렇고말고
소 똥구멍에서 동백꽃이 뚝뚝 진들 대수랴
기를 쓰고 용을 써야 가까스로 피어나는
뒹구는 개똥밭에선 너도 꽃 나도 꽃인걸

3. 맨 처음 그대
귀천 따로 있겠냐만 마음 가난하면 천한 것이지
굴러먹고 글러 먹은 천하디천한 늙은 몸이
흉금에 품고 있는 너, 그것이 죄라 한들

돌아, 보다

멀리 가지 말아라
집을 나서는 등에 대고
저녁 시간 다가오니
맞춰 오란 당부 말씀
어머닌 아셨나 보다
이놈의 방랑벽을

꿈꾸기 시작한
그때 그날로부터
휩쓸리다 쏘다니다
잃어버린 길 위에
누구야, 부르는 소리
바람 귀에 들린다

끼니

   나만 먹고 살 것인가 화초에 물을 준다 돌봐야 할 식솔인 양 눈길 주고 정을 들여 마음이 가난하지 않게 끼니를 챙긴다

   일해야 밥을 먹고 밥을 먹어야 사람다워진다 열 수레 서책이라도 배불러야 구실 하는 불민한 날들 속에서 건너뛴 날은 얼마일까

   꽃피는 것이 일이란다 밥 먹고 나이 먹었으니 꽃답게 사람답게 향기를 가꾸는 일…, 길 없는 심처에 들어 저리 환한 살찐 달

거짓말 혹은 희망

천 년에 한 번 꽃이 핀단다
애야 기다려 보렴
천 년은 너무 길어요
왜 하필 천 년이에요?
멀어서 아름다운 거란다
아름다운 것은 멀리 있단다

천 년 지나 날마다
천 년 후의 그날인데
천 년 만에 피는 꽃은
어디에 있나요?
아이야 들여다보렴
네가 바로 꽃이란다

세량지에서

떠나서 잊어진다면 날마다 걸었으리라
소리쳐서 비워진다면 쑥국 쑥국 울었으리라
그래서 살아진다면, 어디서든 어떡해서든

딸깍발이 절뚝거리는 멀고 먼 이 지상을
오는 것이니, 떠나가서 저며 저며 오는 것이니
몸이야 던져진 채로 마음 부려 가는 것

꽃그늘 산그늘 물빛도 깊은 하늘
놓아버리고 잃어버리고 갈 수가 없다 갈 곳 없이
세량지* 잠긴 길 위에 풍경으로 서 있다

* 세량지: 물에 잠긴 풍경이 아름다워 사진 명소로 이름난 곳. 화순 소재.

| 해설 |

시간을 빌려와 시작하기

김학중_시인

　어떤 시는 바깥에서 읽어야 한다. 책들이 책꽂이에 가득한 서재나 도서관이 아니라 바람이 가끔 시집의 인쇄된 시를 먼저 읽는 곳에서 읽어야 한다. 그곳에서 자연이 빚어낸 소리가, 은은하게, 마치 찻잔 속의 찻잎이 찻물에 우러나며 나오는 향기를 느끼며 읽어야 하는 것이다. 그곳이 안과 바깥이 경계 없이 서로를 내어주는 공간이면 더 좋다. 예전에 우리 조상들이 매일매일의 평범한 삶을 보내던 집에는 그런 공간이 있었다. 한옥은 커다란 창이 있어 창을 모두 열어 놓으면 안과 바깥의 구별은 희미해진다. 집의 한 축을 이루는 툇마루는 아예 바깥을 빌려 안의 공간적 특성을 대신한다. 그곳에서 우리는 바깥의 경치를 볼 수 있었다. 경치를 빌려옴을 의미하는 '차경'이란 개념이 우리 한옥의 독특한 특성을 나타내는 이유가 여기에 있다. 그러한 빌려온 풍경이 있는 곳에서 시는 우리에게 우리 앞에 반복되면서도 은폐되어 있던 어떤 시간의 이미지를 돌려준다. 그런 시를 읽을 때 우리는 바깥의 곁에 있어야 한다. 왜냐하면 그 시는 바깥에서 우리의 새로운 거주처를 짓고 있기 때문이다.

그 곁에서 우리는 시가 현재를 지어내는 제의적 언어를 발견하게 된다. 그 제의—의식 절차—를 이루는 언어의 이미지 속에는 빌려온 시간이 있다. 우리의 전통적 거처가 '차경'의 원리를 통해 지어진 것과 그러한 시는 시간을 빌려와 우리의 거처를 건축한다. 빌려온 시간에는 주체의 지속으로 인해 현재화된 과거의 시간이 현재의 시간과 뒤섞여 있다. 물론 그 시간에는 우리가 잊어 희미해진 역사적 시간도 깃들어 있다. 이 시간은 반복적이면서 동시에 그 반복으로 인해 은폐되었던 시간이다. 또한 이 은폐된 시간 속에는 여러 다른 공동체적 기억의 시간이 겹을 이루고 있다. 그러기에 그 시간은 단순히 주체의 지속 시간으로 환원되지 않는다. 이때 시적 주체는 그러한 시간을 빌려온 줄 모르고 주체 안에서 시간의 이미지로 반복한다. 주체의 지속 시간 속에 떠오르는 시간의 이미지가 그렇게 우리 앞에 나타난다. 이 나타남은 빌려온 시간이 기억하는 이미지를 우리에게 돌려준다. 그것은 지금 여기에 와 현재가 되고 나아가 미래를 비추는 이미지가 된다. 그것이 현재에 우리를 거주하게 이끄는 시이다.

우리를 현재에 거주하게 하는 시, 그러한 시는 우리의 영혼을 풍요롭게 한다. 이 풍요는 빌려온 것으로 인해 풍성해지는 것이다. 그러한 시는 우리가 거주하는 이 세계를 회복하게 하기 때문이다. 현대사회는 세계를 기술적 수치로 계량하고 통제하고 지배한다. 그러한 세계는 우리를 물질적으로 풍요롭게 하지만 바로 그 풍요로 인해서 끝없이 인간 주체를 빈곤하게 한다. 왜냐하면 물질적 풍요가 정신적 풍요로 환원되지 않으며, 우리가 이 세계에 거주하는 주체로서 세계의 거주함을 느끼도록 이끌지 못하기 때문이다. 지금 여기, 우리의 내부에는 세계로부터 빌려온 풍요가 위치할 곳이 없기 때문이다. 반면에 현재에 우리를 거주하게 이끄는 시는 빌려온 시간 속에 현재를 짓는다. 이 시 짓기를 통해 우리는 우리의 정신이 거주할 거주처를 얻는다. 하이데거는 이에 대해 "시 지음은 거주하게 함으로써, 일종의 건축함이다"(마르틴 하이데거, 『강연과 논문』, 이학사, 2008, 246쪽.)라고 말한 바 있다. 물론 하이데거는 이때 시를 짓는 주체가 시간을 빌려온다는 것에 대해서는 말하지 않았다.

아무튼, 이러한 시는 우리가 바라든 바라지 않든 우리가 현재에 거주할 존재론적 거처를 제공한다. 그러한 시의 존재가 희박해진 것과는 무관하게 여전히 그러한 근본적 힘을 시는 가지고 있다. 현재 우리 문단의 시는 이러한 시적 힘에 무관심하다. 한병철이 비판하듯, 매끄러움과 투명함을 자랑하는 디지털 단말기의 화면 속에 빠르게 피드에 오르고 빠르게 소진될 감각적인 언어들에 더 큰 관심을 가진다. 그럼에도 시 짓기를 통해 주체의 거주처를 건축하는 시 작업을 묵묵하게 이어가는 시인이 있다. 바깥의 곁에서, 우리가 잊고 있는 빌려온 시간을 주체의 지속 시간 안에서 회복시키며, 우리의 손안에 시를 되돌려주는 시인이 있다. 그 시를 읽기 위해서 우리는 바깥의 곁으로 나아가야 한다. 그러한 시를 짓는 시인, 그 시인은 박정호이다.

박정호 시인은 1988년 《시조문학》으로 등단하여, 오랜 시간을 전통과 현대를 잇는 시적 언어들을 찾기 위해 노력했다. 그 첫 결실로 『빛나는 부재』(고요아침, 2019)을 펴낸 바 있다. 박정호는 첫 시집에서 현재에 부재한 리추얼의 시간을 노래한 바 있다. "땅에서선 하늘에서건 우리는 서로 아득한 달 안과 밖 끊긴 길에 위리안치된 지상의 날 마음의 유배지에서 손가락 깨물어 쓰는 편지"(「달궁 별사」)라거나 "떨어지는 나뭇잎엔 천문도가 그려져 있다//살아서는 다 갈 수 없는 희망 가옥인 별의 길//

지상의 모든 나무가 로켓처럼 쏘아 올려진다"(「세월의 숲」)에서 노래한 것이 그 예라 할 수 있다. 세계와의 교감을 통해 존재의 근원을 근거 짓던 제의적 시간이 사라진 지금 여기에서 주체가 느끼는 것은 "위리안치"의 감각이었다. 세계와 끊어진 채 세계와의 연결성을 되찾으려는 시도가 용인되지 않는다는 느낌이 시적 주체를 사로잡고 있다. 때문에 시적 주체는 다시 세계를 리추얼할 수 있는 가능성을 꿈꾼다. 이번에 펴내는 『마음 한 평』에서 박정호는 이러한 문제의식을 너욱 심화시켜 나가고 있다. 그 중심에는 빌려온 시간의 존재론을 탐색하고자 하는 시적 주체의 사유가 위치하고 있다. 여전히 세계와의 교감을 가능하게 하는 리추얼의 언어는 실패를 맛보지만 그럼에도 박정호의 시적 주체는 희미한 가능성을 발견한다. 빌려온 시간이 우리 안에서 여전히 우리의 존재적 근거가 세계에 있음을 환기하고 있기 때문이다. 그것을 환기하는 자리가 바로 '마음'이다.

  이제부터 박정호가 이번 시집에서 노래하고 있는 빌려온 시간과 마음에 대해서 살펴보겠다. 박정호에게 마음은 세계와의 연결성을 근거 짓고 세계로부터 빌려온 시간을 통해서 주체를 풍요롭게 건축하는 자리이다. 그 마음은 '한 평'과 같이 좁은 자리만을 가지고 있다. 현대의 욕망이 우리로 하여금 마음의 지평을 축소하도록 이끌었기 때문이다. 그럼에도 주체는 마음을 품고 살아내 주체의 자리를 건축한다. 이때 마음의 건축은 언어를 통해 이뤄진다. 그리고 언어의 건축물 속에서 우리는 우리가 상실한 세계와의 연결성을 회복할 '끈'을 발견할 수 있다. 물론 그 회복의 가능성은 우리 앞에 생기며 동시에 은폐된다. 그 은폐로 인해 가능성은 현실화되지 못한 채 해결 불가능성으로 남는다. 또한 그 가능성은 늘 멀어진 거리로만 가늠된다. 회복은 늘 타자적 가능성으로만 우리에게 주어지는 것이다.

> 그러니까 너는 내게 한 가닥 끈이었다
> 당기면 스르르 풀리고 마는 끈
> 느슨한 혹은 팽팽한, 가끔씩은 풀리지 않는
>
> 산으로 바다로 끈 떨어진 신세였다가
> 저물녘 처마에 걸린 불빛 같은 눈빛이다가
> 다시금 잇대어보는 멀어진 거리만큼
>
> ―「끈」 전문

이 시는 '끈'의 이미지로 주어진 타자적 가능성이며 세계와의 연결을 가능하게 하는 '너'에 대해 노래한다. '너'는 주체에 "한 가닥 끈"으로 다가온다. "당기면 스르르 풀리고 마는 끈/느슨한 혹은 팽팽한, 가끔씩은 풀리지 않"는 끈이 바로 '너'이다. 때문에 주체와 타자는 단 한 번도 동일화되지 않았다. 그럼에도 '끈'은 주체와 세계를 연결해 주고 존재의 의미를 지어주는 지평에 주체를 연결한다. 주체는 '끈'과 멀어져 있을 때, 자신을 "산으로 바다로 끈 떨어진 신세"로 인식한다. '끈'과 거리가 있었을 때, 역설적으로 주체는 '너'와의 연결성을 느꼈던 것이다. 그러기에 '끈'과의 관계를 회복하기 위해 "다시금 잇대어보"려 시도한다. 그때 주체는 "멀어진 거리"만큼 '너'와 연결성을 회복한다. 이 회복은 '길'의 이미지를 통해 주체 자체로 '끈'과 유사한 이미지상을 가진 존재임을 환기한다. 주체는 '거리'를 만드는 존재, 즉 '길'을 나타나게 하는 존재다. 바로 그러기에 주체는 '길'을 통해 '너'와의 연결성을 회복한다. 거리는 멀어졌지만 주체는 '너'라는 주체가 추구하는 세계상과 지속적으로 연결된다. '길'을 쓰는 주체는 지속 시간 속에서 세계와 주체 사이의 서사를 지어내며 그것을 통해 주체를 결집해 낸다.

먹물이 번지는 길의 시간이다

우모牛毛든 서수필鼠鬚筆이든 갈근葛根이든, 그을린 부지깽이 또는 깨물어 낸 손가락으로 이 땅에 휘갈겨 쓴 몸은 한 자루 붓이었다 닳고 닳은 붓 한 자루가 세상을 갈고 닦던 도구였다 바람이 몸을 펼쳐 넘긴다 쓰다가 지운, 물에 쓸려 읽을 수 없는, 삐뚤빼뚤 갈지자로 걸어와 여백으로 남은 사람

난봉꾼 잡설일지라도 한 권 책이었다
―「붓」 전문

이 시에서 주체는 '길'을 써내는 "붓"이다. 주체는 "먹물이 번지는 길의 시간"을 통해서 지금 여기의 현재를 살아낸다. "이 땅에 휘갈겨 쓴 몸은 한 자루 붓이었다"가 그러한 주체의 사유를 결집한 표현이다. "끈 떨어진 신세"를 살아낸 주체는 "길의 시간"을 살아냈다. 그 시간은 주체의 시간이었지만, 동시에 주체를 소진하게 만든 시간이다. 그러기에 주체는 "닳고 닳은 붓 한 자루"의 이미지로 남았다. 그리고 주체가 자신의 몸으로 풀어낸 '길'은 주체가 바라든 바라지 않든 간에 하나의 이미지로 결실을 맺는다. 그것은 마치 "물에 쓸려 읽을 수 없"는 것이 되고 결국 "여백"이 되었다고 할 지라도, 존재의 근거로 돌아온다. 주체의 존재 근거가 "이 땅의 마른 핏줄을 돌고 돌아 적시듯//우리는 홀로 나선 물줄기"(「물의 경經」)이기 때문이다. "물줄기"인, 그리하여 '물의 경經'인 이미지. 그것이 모여 주체에게 남겨진다. 그것은 서사 없음의 서사를 담은 하나의 이미지로 주어진다. 그것이 바로 "한 권 책"이다.

길이란 몸을 사과껍질처럼 깎아놓은 것이다 단단해지기도 전에 내던져
져 과즙을 흘리며 말라비틀어져서 흙인지 땀인지 범벅으로 쇠똥구리 마
냥 데굴데굴

　　순응하며 흘러온 강가에 묵묵부답으로 앉아 청태靑苔를 기르다가 먼
하늘로 옮기던 그 눈빛 그 숨결 꽃에게 주고 나무에게 주고 들녘 바람 흉
흉해질 때 배곯는 것들에게 나눠주고 난 뒤 파다한 노을 속으로 가서 아
무도 모르고 아무것도 모르게 되는 일, 울울만산鬱鬱萬山 첩첩疊疊바다
헤쳐 건너 몸속 구석구석 쏟아내어 되돌려주는 일, 지나온 곳을 지도로
그려 다른 이의 앞을 밝혀주는 일, 그런 것이 소임이라면 족하다 할 것이
지만 하늘땅 그 고저가 너무 멀어라 온 힘 다해 움켜쥐어도 놓치고 말아

　　외마디 탄성도 없이
　　낙과가 되어 낙수 되어
　　　　　　　　　　　　　　　　　　　　－「만유인력」 전문

　이 시에서도 「끈」에서 살펴본 것과 유사한 시적 사유가 엿보
인다. 주체는 자신이 살아온 '길'을 나타나게 하는 힘이 '몸'에서
비롯됨에 대해서 노래한다. "길이란 몸을 사과껍질처럼 깎아놓
은 것"이라 노래하는 것에서 이를 확인할 수 있다. 주체는 주체
를 소진시키며 '길'을 건축한다. 다만 그 '길'의 가시성은 주체를
향해서만 열려 있는 듯 보인다. 왜냐하면 '길'을 살아낸 행위가
주체에게 "아무도 모르고 아무것도 모르게 되는 일"로 돌아가는
것으로 느껴지기 때문이다. 물론 주체는 이 무화가 부당하다고
느끼지는 않는다. 주체가 '길'을 형성하고 그 '길'을 나누어 주려
는 태도를 보이기 때문이다. 그 과업을 수행하고 나서야 주체는
무화로 돌아가고 싶다. 그러나 주체는 그러기 전에 세계의 숨겨
진 힘, 이 시의 제목에 나타난 "만유인력"의 힘으로 인해 '길'을
나누어주고 돌려주는 데 실패한다. 물론 주체는 그러한 실패에

도 "지나온 곳을 그려 지도로 남겨주는 일"의 가능성까지 내려놓지는 않는다.

흥미로운 점은 주체가 남기려고 하는 "지도"가 단순히 주체가 지나온 경로만을 가시화하고 있는 것은 아니라는 점이다. "지도"에는 시간이 함의되어 있다. 이때 시간은 주체가 무의지적으로 빌려온 시간이다. 과거의 이미지들이 이 시간 속에서 지속되어 우리에게 주어진다. "몸속에 나이테 같은 길을 내어 가고 있음을"(「그루터기를 보며」)에서 이런 시간을 찾을 수 있다. 이 겹겹이 적층된 시간의 이미지, "나이테"가 바로 "지도"인 것이다. 그것은 주체의 것이며, 주체의 바깥에 있던 시간이다. 그러기에 그 시간을 빌려온 시간이라 할 수 있는 것이다. 그것은 세계의 시간이 적층되어 획득한 이미지에 기대어 있기 때문이다.

이 빌려온 시간이 시적 주체의 지속 시간을 통해서 우리 앞에 현현한다. 바로 그럴 때에만 시간은 주체에게 의미를 지닌다. 우리에게도 마찬가지이다. 그것은 과거의 이미지이며 동시에 현재를 비추는 이미지이다. 그 이미지가 주체의 지속 시간을 경유할 때, 그것은 과거의 제의적 시간을 통과해야 한다. 그러한 시간을 통과해야만 주체는 주체를 근거 지을 지평을 건축할 수 있는 것이다. 그렇게 획득한 이미지가 바로 "지도"인 것이다. 그것은 '끈'과 '길'이 겹겹이 결집된 시간 이미지이다. 실제로 '끈'과 '길'은 이미지적으로 "지도"에 그려진 선으로 대체될 수 있다.

> 저 달에 토끼 있으니 소라고 없을 것인가
> 그믐날 쟁기질로 햇무리 끌어 달을 돌며
> 항아姮娥님 나선 달마당 닦고 있는 붉은 소
>
> ―「달의 소」 부분

시 「달의 소」는 박정호의 첫 시집 『빛나는 부재』의 수록 시 「달궁 별사」를 잇는 시로 읽힌다. "별들의 강을 건너 삼심삼천을 돌아와서 고토 위에 떠오르는 마한의 길을 따라 옷자락 끌며 나오는 항아의 뜨락에 서다"(「달궁 별사」)를 잇고 있는 장소로 우리를 인도한다. 그것은 "달마당"이 그것이다. "달의 뒷면에 사는 소"가 닦는 "달마당"에는 "은하수 건너다니는 떠돌이로 뒹구는 돌"(「돌의 시간」)의 시간이 떨어진다. 이 장소는 역사적 시간이 누적되었으나 그러한 시간성이 역사로 기록되지 못한 장소이다. 마치 이름 없는 평범한 존재들이 살아간 실제의 시간이 그랬던 것처럼. 이는 서사 없음의 서사 이미지인 "지도"의 이미지와 친연하다. 힘없고 평범한 주체들의 역사는 우리가 일반적으로 말하는 역사에서는 잘 다뤄지지 않는다. 그것은 은폐된 시간으로 우리에게 주어진다. 그러나 우리는 그러한 주체들을 잇는 주체로서 지금 여기의 시간에 던져진다. 역사가 주목하지 않는 주체에게 거주할 장소를 주고, 그것을 기억하는 일은 "항아"와 같이 세계와 주체를 잇는 제의를 수행하는 리추얼의 주체가 하는 일이다.

이 리추얼의 주체는 서사화된 세계이다. 서사회된 세계는 시적으로 지어진 이미지이자 이미지의 이야기이다. 이 서사화된 세계, 그것을 기억하는 것만으로도 서사 없는 주체인 우리는 주체의 거주처를 얻는다. 그 거주처에서 주체는 지금 여기의 시간을 빌려올 수 있다. 그 시간으로 미래를 살아낼 거주처도 또한 얻는다. "지도"를 형성하고 그것을 만든 존새 그 사체의 힘으로, 다음 세대에게 "지도"를 계승시킨다. 그렇게 존재의 근거를 만든 주체가 다음 세대의 누군가에게 존재의 근거지를 전한다.

그 전달 속에서 주체는 주체의 거주지에 틈입하는 시간이 주체가 빌려온 시간임을 밝힌다. 빌려온 시간, 그것은 시간 그 자체다. 우리의 외부에서 우리의 내부로 쏟아지는 비와 같은 시간, 그것이 빌려온 시간이다. 그 시간이 우리를 향해 온다. 우리의 것이 아닌 시간이 임재한다. 그것은 우리의 존재를 살아가게 하는 계절과 같은 주기적 시간이다. 그 시간을 맞이할 때 우리는 주체의 지평에, '마음'에 시간이 자리할 "한 평"의 장소를 얻을 수 있다.

> 담 넘어 온 능소화 보며 설핏 잠이 들었더니
> 바람결에도 들리지 않고 꿈에서도 만나지 못한
> 어느 먼 성간星間으로부터
> 비가 오고 있었다
> ―「비의 전신」 부분

이 시는 "능소화"가 핀 것을 보며 잠든다. 잠 속에서 주체는 다른 시간으로부터 지금 시간으로 흘러오는 비를 맞는다. 그것은 "먼 성간"에서 온 비이다. "멀어진 거리"에서 "잇대어" 오는 비이다. 그것은 '끈'의 이미지로 주체를 세계와 잇는 시간이다. 그러기에 주체는 이를 맞이하러 빗속으로 간다. 그 빗속에서 "능소화"가 피었듯이 세계에 있는 모든 꽃이 핀다. 꽃이 피는 시간, 주기적이며 리추얼적인 시간, 주체의 것은 아니나 주체를 살아가게 하는 그 시간은 여성적인 것이다. 어디에서 오는지 모르지만 닿고 싶은 그런 시간이다. 때문에 "보고잡은디 어쩐다냐/그냥은 안올 거인디//찾아가 볼라 혀도/어딨는지 알아야제"(「그렇게 여러 날」)라고 노래할 수밖에 없는 것이다.

> 앵돌아져 비켜앉은 새침데기 고 가시내

> 옴서감서 곁눈질로 슬쩍, 스을쩍
> 그러다 눈 마주치면 부끄러워서 어쩌까
>
> 분 내음 같은 것이 그립고 애틋한 것이
> 미어지게 차오르는 아, 그래서 못살겠는
> 널 뛰는 가슴팍에다 불 지르고 딴청이라
>
> 이래도 되나 몰라 언감생심 품은 뒤로
> 상사想思의 병病을 얻어 이레쯤 앓고 나서
> 꽃 지게 지고 가다가 왈칵 쏟은 개울가에
>
> —「꽃이 핀다」 전문

 이 시에서 "꽃"은 주체를 매혹한다. "새침데기 고 가시내" 같은 "꽃"은 주체에게 "그립고 애틋한 것이/미어지게 차오르"게 한다. 그러나 "꽃"은 주체 앞에서 "딴청"을 부린다. 이 "딴청"은 주체의 감정과 무관하게 "꽃"이 "꽃"으로 있기에 발생하는 것이다. "꽃"은 "꽃"이 피어야 할 시기에만 주체 앞에 나타난다. "꽃"은 피어야 할 때가 아니면 주체 앞에 나타나지 않는 것이다. 그러기에 주체는 "꽃"에 이끌리는 것이다. "상사의 병"을 얻는 이유도 바로 여기에 있다.

 주체 또한 이를 잘 알고 있다. 그것은 주기적 시간의 반복을 알리는 전령이며, 주체가 거주하는 장소가 생명과 관계 맺음을 나타내는 것이다. "꽃"은 그런 점에서 주체가 세계 관련을 감지하는 사건이다. 그것은 주체에게서 나오는 주체의 주관적 시간과 무관한 세계의 시간성이 주체와 관계 맺도록 이끄는 비의 매개체이다. 빌려온 시간은 "꽃"으로 대변되는 매개에 의해서 주체의 내부로 세계의 시간이 흘러들고 주체의 주관적 지속 시간을 확장시킨다. "꽃"에 대한 사랑은 이 시간을 풍부하게 만든다.

그러나 이 빌려온 시간은 주체의 것이 아니라 세계와의 관계 속에서만 주체의 내부에서 경험되는 시간이다. 그 시간을 통해서만 주체는 세계 속에서 주체의 거주처를 지을 수 있다. 문제는 이 주기적 시간이 주체에게서 "닿지 못하"는 것으로 환기된다는 점이다. 주기적 시간의 풍요로움과 아름다움이 여성적인 시간인 이유다. 때문에 그것이 주체에게 다시 돌아오는 시간을 기다리는 것밖에는 주체가 선택할 수 있는 것이 없다.

여성적인 시간은 주체를 매혹하고, 여성적 시간을 기억하게 한다. 그 기억으로 돌아올 시간을 향해 주체를 걷도록 이끈다. 그러기에 주체는 주체의 내부에 빌려온 시간을 들여놓고도 그 시간에 닿지 못한다. 지연과 미끄러짐 속에서만 여성적 시간이 나타나기 때문이다.

> 오랜 길 걸어도 그대에게 닿지 못하네
> 높고 낮은 굴곡을 건너와서 늦어버린
> 그렇게 깊은 세상을 이렇게 외오 서서
>
> 놓아버리고 빈손이더니 아무래도 젖은 심사心思
> 그대 그 앞가슴 같은 꽃의 떨림이 남아
> 붉어진 마음 건들어 화악! 끼치던 내음이여
>
> 여기 보아, 저 보아라고 꽃이 나를 불러
> 꽃이 나를 보고 나는 또 꽃을 보며
> 온종일 황망한 눈빛 저물도록 아득한 눈빛
>
> ─「상춘·2」 전문

이 시는 여성적 타자의 시간이 주체의 주관적 시간과 세계 관련을 맺는 사건을 극명하게 보여준다. 세계 관련은 세계와의 교감을 넘어 세계와 주체가 관계 맺는 형식을 만드는 것이다. 시는 이 세계 관련을 짓는 언어적 행위이다.

  이 시에서 주체는 봄의 경치를 즐기면서 노래한다. "여기 보아, 저 보아라고 꽃이 나를 불러/꽃이 나를 보고 나는 또 꽃을 보"며 꽃의 아름다움에 심취한다. "꽃"과의 교감을 통해서 주체는 "꽃"이 피는 시간의 봄을 만끽한다. 이 시간 속에서 주체는 세계 관련을 획득하고 주체의 살아있음을 감지한다.

  문제는 이 시간 자체에는 주체가 닿지 못한다는 것이다. "오랜 길 걸어도 그대에게 닿지 못하네"라고 노래한다. 이 닿지 못함은 주체의 삶을 통과하는 감각이다. "높고 낮은 굴곡을 건너와서 늦어버린/그렇게 깊은 세상을 이렇게 외오 서서"에서 그것이 나타난다. 주체를 살아있게 하고 주체가 세계 관련을 획득해 세계에 정주할 거주처를 얻도록 이끄는 주기적 시간은 주체의 것이 아니다. "빈손"의 이미지가 주체가 느끼는 감각인 이유가 여기에 있다. 그럼에도 주체는 여성적 시간, 리추얼의 시간을 향해 나아간다. 그것은 여전히 주체를 이 땅에 근거 짓게 만드는 것이 세계와 관련되어 주체 안에 떠오르는 이미지이기 때문이다. 그것이 주체에 있어 생기하는 이미지이기 때문이다. "그대 그 앞가슴 같은 꽃의 떨림이 남아/붉어진 마음 건들어 화악! 끼치던 내음"에서 떠올릴 수 있듯이, 생기하는 시간은 주체에게 여전히 생의 감각으로 다가온다. 그 매혹을 주체는 쫓을 수밖에 없다.

  이러한 매혹의 시간은 주체를 밝히며 동시에 주체 앞에서 물러난다. 시간은 그렇게 주체 안에서 운동한다. 그리고 이 운동이 나타나며 축적되는 것이 "마음"이다. 이 "마음"은 세계 관련을 이끄는 여러 다른 이미지들을 경험하는 시간을 통해 형성된다. "등에 내린 무게가 달빛 별빛은 아닐 터, 창고에 쌓인 것이 돌무

더기는 아닐 터, 도중에 주저앉은 것이 풀잎만은 아닐 터//곁가지로 자란 것이 본래면목本來面目을 흔든다"(「마음 한 평」)에 드러나는 "마음"에 대한 감각이 그것이다. 주체에게 이 감각은 물러남의 감각이 결집되어 '끈'과 '길'의 이미지로 결집된다. 그것은 "한 평"으로 감각되는 "마음"의 지평이 때론 유연하게 확장될 수 있음을 환기한다.

  아무튼, 시간은 "마음"을 경유하여 시간 이미지가 된다. 그것은 압축된 이미지로 "마음"에 고여 있으면서도 "마음"으로 포획 불가능한 세계를 향해 열려 있다. 다만 "마음"은 끝없이 "마음"과 세계를 관련짓고자 희망한다. 그것만이 지금 우리가 거주하는 이곳에 우리의 거주처를 짓는 일이기 때문이다. 현재를 살아내는 존재의 거주처는 그렇게 시간의 이미지를 통해서만 구축되는 것이다. 그리고 이미지의 거주지인 "마음"은 주체가 느끼는 좁은 지평의 감각과는 달리, 바로 그 좁은 지평을 세계로 향해 세움으로써 깊고 넓어진다. 이미지는 깊기에 넓다.

> 떠나서 잊어진다면 날마다 걸었으리라
> 소리쳐서 비워진다면 쑥국쑥국 울었으리라
> 그래서 살아진다면, 어디서든 어떡해서든
>
> 딸깍발이 절뚝거리는 멀고 먼 이 지상을
> 오는 것이니, 떠나가서 저며 저며 오는 것이니
> 몸이야 던져진 채로 마음 부려 가는 것
>
> 꽃그늘 산그늘 물빛도 깊은 하늘
> 놓아버리고 잃어버리고 갈 수가 없다 갈 곳 없이
> 세량지 잠긴 길 위에 풍경으로 서 있다
> —「세량지에서」 전문

이 시에는 빌려온 시간 속에서 주체가 존재를 건축하는 상상력이 결집되어 나타난다. 주체가 세계에 던져진 감각은 주체에게 "딸깍발이"의 감각으로 주어진다. 주체는 절뚝이며 세계를 마주한다. 주체는 스스로의 존재 근거가 결핍임을 감각하며 세계 관련을 시작하는 것이다. "몸이야 던져진 채로 마음 부려 가는 것"에는 이러한 주체의 감각에 근거한 생의 태도가 나타난다. 그러기에 주체는 이를 감내하기로 받아들이는 것이다. 존재와 세계가 관련 맺는 것은 근본적으로 존재가 회피할 수 없는 것이기 때문이다. 이러한 생의 아이러니를 주체는 "떠나서 잊어진다면 날마다 걸었으리라/소리쳐서 비워진다면 쑥국쑥국 울었으리라/그래서 살아진다면, 어디서든 어떡해서든"라고 노래하는 것이다.

　이러한 긍정성이 주체로 하여금 이제 주체가 서 있을 장소로 향하게 이끈다. 그곳은 이미지의 "세량지"이다. 이곳에는 "꽃그늘 산그늘 물빛도 깊은 하늘"이 담겨 있다. "놓아버리고 잃어버리고 갈 수가 없"는 곳이 바로 이곳이다. 이곳에선 풍경을 변화시키는 주기적 시간마저 담긴다. "갈 곳이 없이/세량지 잠긴 길 위 풍경"으로 이 모든 이미지들은 뜬다. 이때 이미지의 "풍경"은 주체와 나란히 서 있다. 주체는 이 나란함 속에서 자신이 서 있을 이미지의 거처도 건축한다. 그렇게 주체의 삶은 이미지의 건축으로 나타난다. 주체는 빌려온 시간, 아니 더 정확히, 시간 그 자체를 주제 안에 불러오면서, 세량지와 같은 주체의 "마음"에 이리한 이미지를 건축한 것이다. 시는 이러한 시간 이미지를 우리 앞에 나타나게 하는 행위이며 빌려온 시간을 우리 안에서 되찾도록 이끄는 행위이다.

　『마음 한 평』에서 박정호는 바로 이러한 이미지의 건축을 수

행했다. 주체의 안으로 불러온 빌려온 시간, 시간 그 자체를 주체의 주관적 지속 시간 속에서 시간 이미지로 빚어낸 작업을 수행한 것이다. 이를 위해서는 시간을 주체로 흘려 들여 보내 이미지로 결집시키는 시간이 필요했을 것이다. 그가 다른 시인들보다 더딘 듯 시작을 이어가는 이유는 여기에 있다. 근본적인 시 짓기, 존재가 자신의 존재를 길어내는 샘으로 이끄는 언어를 구축하는 일은 그토록 지난한 일인 것이다.

  21세기 모든 정보가 가산되는 데이터로 환원되는 시대에 이러한 시는 주목받기 어렵다. 이 시대에 모든 것은 비의를 상실하고, 이미지를 상실한다. 모든 것은 데이터화로 투명해진다. 이러한 시대에 시는 시적 언어가 가진 힘을 상실한다. 시는 팬시상품과 같은 지위에 놓이게 되었고, 시는 부분적으로 파편화된 채로 매끄러운 화면의 타임라인 위에서 어디에도 뿌리내리지 못하고 소비되는 미문들로 전락한다. 한병철은 『리추얼의 종말』에서 이러한 시대에 근원적인 시의 특성은 사라졌다고 한다. 그러나 시적 근원으로 나아가는 시가 모두 사라진 것은 아니다. 여기에 아직 시가 있다.

  디지털 시대의 시 담론의 바깥에 비가시화되어 있으나 시가 본래적으로 바깥의 시간에 곁해 있음을 잊지 않는 시가 있다. 그런 시를 통해 우리를 존재의 근원지로 이끄는 이정표가 되는 시를 쓰는 이가 있다. 그는 시 짓기의 시간이 빌려온 시간이며, 그 시간을 통해 시간이 우리에게 환기하는 바깥을 내부로 들여올 수 있음을 노래한다. 그가 구축한 시간의 이미지들은 그렇게 바깥의 곁에서 서서 오랜 시간 이미지의 길들을 걸으며 획득한 것들이다. 이 시간이 우리에게 존재의 근원인 거주처를 지어준다. 그 거주처에는 전통과 현재가 서로의 안과 밖을 상호 침투하면

서 어울려 있다. 박정호는 이러한 시를 우리에게 돌려준다. 과거와 현재를 잇고 미래의 가능성을 비치도록 이끄는 시. 그것이 이제 우리 앞에 와 있다. 시가, 언어로 피어난 꽃이, 지금 여기 우리의 거주지에 울타리를 이루고 있다. 박정호는 그것이 그의 시임을 분명하게 각인시키고 있다. 그러기에 우리는 박정호의 이번 시집이 길어낸 시편들을 읽을 필요가 있는 것이다. 시간을 빌려와 시작하는 시가 여기를 풍요롭게 하며, 꽃처럼 아름답게 피어있기에. 이 시간 회복의 아름다운 절경을 많은 독자들이 맛보게 되길 기원한다.

김학중金鶴中
1977년 서울에서 태어났다. 2009년 《문학사상》 신인상으로 등단했다. 시집으로 『창세』(문학동네, 2017), 『바닥의 소리로 여기까지』(걷는 사람, 2022)가 있고, 청소년 시집으로 『포기를 모르는 잠수함』(창비교육, 2020)이, 소시집으로 『바탕색은 점점 예뻐신다』(스토리코스모스, 2021)가 있다. 제18회 박인환문학상과 제15회 오장환문학상을 수상하였다.